CHANTIES

This work has been identified as being free of known restrictions under copyright law, including all related and neighbouring rights.

You can copy, modify, distribute and perform the work, even for commercial purposes, all without asking permission.

CHANTIES

IN

GREEK AND LATIN

Written for Ancient Traditional Airs

BY

W. H. D. ROUSE

(*Headmaster of the Perse School, Cambridge*)

" *The labour we delight in physics pain.*"

NIGEL GOURLAY
CHAPEL-EN-LE-FRITH
2020

CONTENTS.

	PAGE
Preface	3
Boys and Girls come out to play	7
Peter White will ne'er go right	8
Torty-Tortoise	9
The Ages of Man	10
The Lazy Boy	11
The Man with a Pigtail	12
How to Plant the Garden	13
What the Animals Say	14
The Wolf	15
The Dead Warrior	16
The Snail	17
Ten Little Boys	18
Thinks I to Myself	19
Salamis	20
Little Bo-Peep	22
Baa Baa Black Sheep	23
Song of Pyrgopolyneices	24
O dear, what can the matter be	25
The Siren	26
Country Life	28
My Boy Willie	30
Round the Ring	32
Which is the way to Athens Town?	34
The Tower	35
The Wooer	36
The Mad Mice	37
Aristogeiton	38
The Swallow	39

	PAGE
John Peel	40
Three Jolly Postboys	41
The Death of Ravey-Raven	42
The Farmer's Marketing	44
The Truant	45
The House that Jack built	46
An Alphabet	48
God save the King	50
Chanticleer	51
Please to give us a Holiday	52
Wonders on the Road	54
The Ass makes his Will	56
Lullaby	57
The Three Rogues	58
The Bells	59
The Old Woman who lived in a Shoe	60
The Persistent Pontifex	62
The Revellers	64
The Sober Man	67
Magna est Veritas	68
The Ark	70
Three Ravens	72
Caesar's Triumph	73
What's in a Name?	74
Sentinel's Song	75
A Mystery	76
The Three Sailors	78
The Dumb Wife	80
Jiggety Jog to Market	82
The Sale	84
The Sparrow	85
The Frog	86

PREFACE

CHILDREN's songs and singing games are used with great effect in teaching French to English children, and English to foreign children. They are easily learnt and easily remembered, and to sing them gives great pleasure. Greek and Roman children must have had their own songs and games; indeed one or two are preserved, such as the "Swallow Song of Rhodes," "The Tortoise," and words of Latin lullaby.

The songs in this book are an attempt to write something which the children of ancient days might have sung, and to fit them to traditional tunes. The themes are such as they could easily have understood; and it has proved that many traditional tunes give rhythms that are quite Greek and Latin, and even stanzas that metrically might have been used in a chorus of Aristophanes. The tune of "The Vicar of Bray" for example exactly suits the Aristophanic parabasis; and altogether it is wonderful how well modern tunes go.

Several benefits are attained. Firstly, since the quantities are carefully observed, the learner's ear is attuned to the essential difference between quantitatives and accentual rhythms. This is most important, and it ought to lead to a better reading and speaking of Greek and Latin, for it is a fact that neither masters nor pupils as a rule pronounce the quantities correctly. But if they will read prose also in crotchets and quavers, instead of substituting stress for length and ignoring unstressed longs, they will hear for the first time the beauty of Greek and the majesty of Latin. Secondly, a large vocabulary is easily learnt, and a considerable number of irregular verbs: thus the Δέκα ποτὲ παῖδες contains ten aorist participles like πιών, several other irregular verbs, and several idioms, including in its three forms τυγχάνω ὤν, λανθάνω ὤν, and εἰμὶ λαθών. Greek tonic accent is necessarily neglected, but so it was in Greek singing, as such a thing must be in all singing. No harm is done by that: it can be taught otherwise. Further, there is a firm foundation of knowledge, a standard of comparison to which we can refer what is met with in reading; I have found that a word or form thus learnt, if later met with, at once calls forth the familiar stanza, which is sung unasked as an old friend. Lastly pleasant associations are made for the study; and this is the most valuable of all, since it reacts on the temper and makes the work real by touching the feelings of the learner.

The materials have been drawn from many sources. Some are free translations or paraphrases, as "My Boy Willie," "John Peel," and the "Jolly Postboys"; some were expanded from a phrase or a hint, as "The Way to Athens Town" (Plutarch, Quaest. Gr. 35), and "Caesar's Triumph" (Suet. Julius 49); some came out of my own head, such as the "Ages of Man," "What the animals say," "The Frog." Others are adapted from ancient material, as "The Swallow Song" and "Torty-Tortoise." Readers will recognise some echoes from their own nursery, and there are others from France, Italy, and Spain. But I hope that those which have no such foundation will not be found alien to the spirit of childhood.

The themes and character of children's songs seem much the same all over Europe, and I am sure that many of them have a long tradition. The same may be said of traditional songs which physic the pain of the labourer. The Greek women sang songs over the corn-mill, the harvesters sang their songs, so did farm labourers, herdsmen, and others. The Kalyke is known by name, the Linos, the Ioulos, the Katabaukalesis, the Boukaliasmos (Athen. xiv. 618). Children went about collecting for the Korone and Chelidon (Athen. xii. 359), and described the doings of daily life; and I have no doubt that they sang nonsense and fancy tales. English, French, Italian, and Spanish traditional songs have the same character. If the Latin sentinel did not sing a song like mine, at least he sang something (Lucr. v. 1408).

Nearly all the melodies are traditional; they are drawn from the countries mentioned above, with the addition of one or two German, one Irish, and one Greek. The titles will show when the subject is like that of the original words.

I have to thank Mr. D'Arcy Thompson for sending me the first draft of the Tortoise game; Mr. H. Rackham for reading the text; Messrs. Novello for allowing me to print the tune of " My Boy Willie"; and Mr. Blackwell especially, for his courage in publishing the book.

Amicus est amico,
nec ullus hoc negat.

CHANTIES

CHANTIES

BOYS AND GIRLS COME OUT TO PLAY.

1. δεῦρο δεῦρο δεῦρο δή,
   καιρός ἐστι παιδιᾶς.
   χαιρέτω διδάσκαλος,
   χαιρέτω μαθήματα.

2. λαμπρός ἐστιν ἥλιος,
   παίζομεν μάλ' ἄσμενοι. χαιρέτω...

3. νεῖν θάλαττα προσκαλεῖ
   μυρίοις γελάσμασιν. χαιρέτω...

4. ἐν τόποις παρακτίοις
   ὀστρακίνδα παίζομεν. χαιρέτω...

5. εἴ τις ἐστι βόρβορος
   ἐγχέλεις ἀγρεύομεν. χαιρέτω...

6. εἴσ' ἀγῶνες ἱππικοί,
   δίσκος ἐστὶ καὶ πάλη. χαιρέτω...

7. εἶτ' ἄκοντας ἵεμεν
   πὺξ δὲ μαχόμεθ' εὐφιλῶς. χαιρέτω...

8. δεῦρο δεῦρο δεῦρο δή
   καιρός ἐστι παιδιᾶς. χαιρέτω.

CHANTIES

PETER WHITE WILL NE'ER GO RIGHT.

German Traditional Air.

1. ἦν ποτε παῖς, [δίς]
   κοὐκ ἐδυνήθη
   πρόσθε βαδίζειν,
   δύσμορος ὤν.

2. καὶ τί παθών;
   τὴν μὲν ἑαυτοῦ
   ῥῖνα μετῄει
   βλὰξ ἄρα φύς.

3. ἀλλὰ τί μήν;
   ῥὶς γὰρ ἐκάμφθη
   θαυμασίως πρὸς
   δεξιὸν οὖς.

4. ταῦτ' ἄρ' ὁ παῖς
   δῆλος ἐφάνθη
   στρεπτὰ βαδίζων
   καρκίνος ὥς.

5. εἶτ' ἐθέλων
   οἴκαδ' ἀπελθεῖν,
   ἐς φρέαρ ἄκων
   εἰσέπεσεν.

CHANTIES

TORTY-TORTOISE.

Mulberry Bush.

A. τί ποίεις σύ γ' ἐν μέσῳ, ἐν μέσῳ, ἐν μέσῳ;
   τί ποίεις σύ γ' ἐν μέσῳ, χελει—χελει—χελώνη;
B. νῆμα μὲν τοδὶ νέω, τοδὶ νέω, τοδὶ νέω,
   νῆμα μὲν τοδὶ νέω, χελει—χελει—χελώνη.
A. τί ποίεις σύ γ' ἐν μέσῳ...
B. ἔρια τάδε μηρύομαι, μηρύομαι, μηρύομαι...
A. τί ποίεις σύ γ' ἐν μέσῳ...
B. κρέκω κροκὴν Μιλησίαν, Μιλησίαν, Μιλησίαν...
A. πῶς δ' ἔχει τὸ σὸν τέκνον, τὸ σὸν τέκνον...
B. τέκνον ἐμὸν ἀπώλετο, ἀπώλετο,...
A. τί δὲ ποιῶν ἀπώλετο...
B. φεῦ κατέπεσεν ἐκ δίφρου...
A. πῶς κατέπεσεν ἐκ δίφρου...
B. ἐς θάλασσαν ἥλατο...

With μήρνομαι and Μιλησίαν the rhythm should be changed from ♪ ♩ ♪ ♩ to ♩ ♩ ♩ ♩

CHANTIES

THE AGES OF MAN.

Sur le pont d'Avignon.

ἓν ἔτος γεγονὼς γάλα γάλα γάλα γάλα
ἓν ἔτος γεγονὼς γάλ' ἔπινον ἐγώ.

δύ' ἔτει γεγονὼς χέρα χέρα χέρα χέρα
δύ' ἔτει γεγονὼς χέρ' ἔτεινον ἐγώ.

τρί' ἔτη γεγονὼς ποσὶ ποσὶ ποσὶ ποσὶ
τρί' ἔτη γεγονὼς ποσὶ περιεπάτουν.

δύο δὶς γεγονὼς κακὰ κακὰ κακὰ κακὰ
δύο δὶς γεγονὼς κακὰ πόλλ' ἐποίουν.

δύο τρὶς γεγονὼς τότε τότε τότε τότε
δύο τρὶς γεγονὼς τότε κάρτ' ἐβόων.

δέκ' ἔτη γεγονὼς ὅλον ὅλον ὅλον ὅλον
δέκ' ἔτη γεγονὼς κάπρον ὅλον ἔφαγον.

δέκα δὶς γεγονὼς ὑπόπαχυς ὑπόπαχυς
δέκα δὶς γεγονὼς ὑπόπαχυς ἐδόκουν.

δέκα τρὶς γεγονὼς μέγα μέγα μέγα μέγα
δέκα τρὶς γεγονὼς μέγα δῆτ' ἐφρόνουν.

τετράκις δεκετὴς φαλακρὸς ὀτοτοτοῖ
τετράκις δεκετὴς φαλακρότατος ἔφυν.

ἑκατονταετὴς ἀπέθανον ἀπέθανον
ἑκατονταετὴς ἀπέθανον ὁ γέρων.

THE LAZY BOY.

1. ποῦ σθ' ἀδελφός; [δίς] ἐν κλίνῃ [δίς]
   διὰ τί καθεύδεις ..... νυστάζων;

2. μή μ' ὀχλήσῃς ..... ῥέγκω γάρ ...
   βάλλ' ἐς κόρακας .... οἰμώξῃ ......

3. φεῦ τοῦ παιδός ..... σίγα δή .....
   βαρύκοτός ἐστιν ..... ἡ μήτηρ ....

4. οὔ μοι φροντίς ..... τῆς μητρός ..
   βαρύκοτος ἔστω ..... ἡ μήτηρ .....

CHANTIES

THE MAN WITH A PIGTAIL.

1. πάλαι ποτ' ἦν γέρων τις ὃς
καθῆκε κρωβύλον μέγαν,
βαρέως δ' ἔφερε μάλιστ' ἐπεὶ
ὄπισθεν ἐκρεμάσθη.
ἰὼ πόποι πόποι πόποι
ὄπισθεν ἐκρεμάσθη.

2. πολὺν χρόνον διασκοπεῖ
ὅπως τόδ' εὐθυνεῖ κακόν,
ἵν' ἐς πρόσωπον ἐσρέων
ὄπισθε μὴ κρεμασθῇ.
ἰὼ πόποι ...

3. τέλος δ' ἐφεῦρε μηχανήν,
ἔφη δὲ "τρέψομαι πάλιν."
πάλιν τρεπόμενος εἶδεν ὡς
ὄπισθεν ἐκρεμάσθη.
ἰὼ πόποι ...

4. ἐτρέπετο δ' ἔς τε δεξιὰν
κατὰ μέρος ἔς τ' ἀριστεράν·
ὁ δ' οὐδὲν ἧττον ἢ τὸ πρὶν
ὄπισθεν ἐκρεμάσθη.
ἰὼ πόποι ...

CHANTIES

5. καθ' ἡμέραν δὲ διατελεῖ
στροβούμενος στρόβιλος ὥς,
ὁ κρωβύλος δ' ἄρ' ὡς τὸ πρὶν
ὄπισθεν ἐκρεμάσθη.
ἰὼ πόποι...

HOW TO PLANT THE GARDEN.

Savez vous planter les choux.

1. λάχανα πῶς φυτεύεται, ἦ κάτοισθα, ἦ κάτοισθα,
λάχανα πῶς φυτεύεται τῇ γ' ἐμῇ γεωργίᾳ.

2. χερσὶ μὲν φυτεύεται, ἴσθι ταῦτα, ἴσθι ταῦτα,
χερσὶ μὲν φυτεύεται τῇ γ' ἐμῇ γεωργίᾳ.

3. καὶ ποσὶν φυτεύεται...

4. δακτύλοις...

5. κονδύλοις...

6. τῇ κόμῃ...

7. ῥινὶ δ' αὖ...

(Suit the action to the word).

CHANTIES

WHAT THE ANIMALS SAY.

Green grow the leaves.

βοῦς κατ' ἐμοῦ μάλα μυκᾶται... [τρίς]
ὅταν ἐξέλθω, μῦ μῦ.

πᾶν πρόβατον μάλα μηκᾶται...
ὅταν ἐξέλθω, μῆ μῆ.

πᾶς δέ μ' ἰδὼν ὄνος ὀγκᾶται...
ὅταν ἐξέλθω, ὄγκ ὄγκ.

ἵππος ἅπας χρεμετίζει μοι...
ὅταν ἐξέλθω, τερετίξ.

χοιρίδιον δὲ κοΐζει μοι...
ὅταν ἐξέλθω, κοΐ κοΐ.

πᾶς βάτραχος δὲ κοάζει μοι...
ὅταν ἐξέλθω, κοάξ κοάξ.

νῆττα δ' ἅπασα κοάζει μοι...
ὅταν ἐξέλθω, κοάξ κοάξ.

πᾶς δὲ κύων γε βαΰζει μοι...
ὅταν ἐξέλθω, βαῦ βαῦ.

πᾶν βρέφος ἐξελελίζει μοι...
ὅταν ἐξέλθω, ἐλελεῦ.

CHANTIES

THE WOLF.

Il était une bergère.

1. ὁ βουκόλος φυλάττων — τοφλαττοθρὰτ
τοφλαττοθρὰτ
ὁ βουκόλος φυλάττων — κατεῖδε τὸν λύκον λύκον
κατεῖδε τὸν λύκον.

2. λαβὼν τὸ τόξον εὐθὺς, — ἔβαλλε τὸν λύκον ...

3. βαβαὶ τί δή με βάλλεις — ἔφη λύκος τοφλαττοθράτ
„ „ „ „ „ — ὅς εἰμί σοι φίλος, ...

4. σὺ δ' εἰ φίλος πέφυκας — τί κἄφαγες τὰ πρόβατά μου
„ „ „ „ — δὸς αὐτά μοι πάλιν, ...

5. ἅπαντ' ἔνεστι γαστρί — ἔφη λύκος τοφλαττοθρὰτ
„ „ „ — ἅπαντα φροῦδα δή, ...

6. ἐπεὶ δὲ πάντα φροῦδα — τοφλαττοθράτ τοφλαττοθράτ
„ „ „ „ — κατεσθίω σ' ἐγώ.

CHANTIES

THE DEAD WARRIOR.

Monsieur de Malbrouk.

Θεμιστοκλῆς ἀπῆλθεν, τοροτὶγξ τοροτὶγξ τοροτῖο,
Θεμιστοκλῆς ἀπῆλθεν, ἀπῆλθεν ἐς μάχην.

ὁ δ' οὐκ ἐλεύσεταί τοι . . . . . ἐλεύσεται πάλιν.

Θεμιστοκλῆς τέθνηκεν . . . . . . μέτοικος ἐν ξένῃ.

τετρὰς φίλων τὸ σῶμα . . . . τότ' ἔφερεν ἐς τάφον.

ἐκ δεξιᾶς δύ' ἤτην . . . . δύ' ἐξ ἀριστερᾶς.

τὸ δ' ὕστατον καθεύδει . . . . τεθαμμένος ξένῃ.

κατεῖδον ὡς τὸ πνεῦμα . . . . . τὸ πνεῦμ' ἀπέπτατο.

γυνὴ δὲ μέγαλα θρηνεῖ . . . . . καθημένη χαμαί.

CHANTIES

THE SNAIL.

Pop goes the weasel.

1. ἤν ἰδοὺ πέδον κάτα
ὁ φερέοικος ἕρπει,
ὡς πατὴρ ποθ᾽ εἷρπε πρίν,
πάππος, πρόπαππος.

2. εὐλαβῶς κέρατα δὴ
ψηλαφῶν προτείνει,
ὡς πατὴρ ἔτεινε πρίν,
πάππος, πρόπαππος.

3. θαῦμ᾽ ἰδεῖν, ἄκροις ἔχει
ὄμματ᾽ ἐν κέρασιν,
ὡς πατήρ ποτ᾽ εἶχε πρίν,
πάππος, πρόπαππος.

4. οἴκαδ᾽ οἴκαδ᾽ αὖ φύγε,
κακὰ μένει θύραξε,
ὡς πατήρ ποθ᾽ εὗρε πρίν
πάππος, πρόπαππος.

5. εἰ δὲ μή σ᾽ ἀποκτενῶ,
λὰξ χαμαὶ πατήσας,
ὡς πατέρα ποτ᾽ ἔκτανον,
πάππον, πρόπαππον.

CHANTIES

TEN LITTLE BOYS

Ten little nigger boys.

(bis.)

δέκα ποτὲ παῖδες περιεπάτουν·
εἷς ἐπὶ κεφαλὴν ἔτυχε πεσών.
ἐννέα παῖδες περιεπάτουν·
εἷς ἀκαλήφης ἔτυχε θιγών.
Ζεῦ βασιλεῦ, τέρας οἷον ἐφάνθη,
　φεῦ παίδων οἰκτρῶν·
φροῦδος ἀμοιβαδὶς ἄλλοθεν ἄλλος,
　φεῦ παίδων οἰκτρῶν.

ὀκτὼ παῖδες περιεπάτουν·
εἷς κύνα μαργὸν ἔτυχε δακών·
ἑπτὰ δὲ παῖδες περιεπάτουν·
εἷς ποδὶ νάρκην ἔτυχε βαλών. Ζεῦ...

ἓξ ἔτι παῖδες περιεπάτουν·
εἷς στόμ' ἀνοίξας ἔτυχε χανών·
πέντ' ἔτι παῖδες περιεπάτουν·
βάτραχον εἷς τις ἔτυχε φαγών. Ζεῦ...

τέτταρες ἤδη περιεπάτουν·
δάκτυλον εἷς τις ἔτυχε τεμών·
τρεῖς ἔτι παῖδες περιεπάτουν·
σκορπίον εἷς τις ἔτυχε λαβών. Ζεῦ...

CHANTIES

τότε δύο παῖδες περιεπάτουν·
φάρμακον εἷς τις ἔτυχε πιών.
εἷς μόνος αὐτὸς περιεπάτει·
καὶ τάχ' ἐς Ἅιδου γ' ἔτυχε δραμών.
Two variants: (1) ἔλαθε πεσών, etc.
(2) ἔπεσε λαθών, etc.

THINKS I TO MYSELF.

αὐτὸς ὢν κατ' ἀγρούς,
λόγον διδοὺς ἐμαυτῷ,
αὐτὸς ὧδ' ἐμαυτῷ
εἶπον, ὡς ἐρῶ.

μἀμέλει σὺ σαυτοῦ,
ἀεὶ φύλαττε σαυτόν,
οὔ σε γὰρ φυλάξει
οὔτις ἀντὶ σοῦ.

ἢν δὲ μὴ φυλάττειν
θέλῃ τις αὐτὸς αὐτόν,
αὐτὸς αὐτὸν εὐθὺς
ἐξολεῖ κακῶς.

ταῦτ' ἔγωγ' ἀκούσας
τότ' αὐτὸς ἐξ ἐμαυτοῦ,
αὐτὸς ὧδ' ἐμαυτῷ
εἶπον, ὡς ἐρῶ.

ἀλλ' ἐὰν φυλάττῃς,
ἐάν τε μὴ φυλάττῃς,
ταὐτὸ δὴ τὸ πρᾶγμα—
οὐκ ἔχεις πλέον.

SALAMIS.

Cadet Rousselle.

1. πολεμίων μέγας στόλος
ἀπ' Ἀσίας ἔπλει ποτέ,
ἀναρίθμων μεθ' ἱππέων
ἀναρίθμου δὲ πεζικῆς·
τίς ποθ' ἱππέας τοσούτους
εἶδε, τίς τοσαῦτα πλοῖα;
ἀλλ' οὐ φόβος ἐνῆν
θρασυτάτῳ Θεμιστοκλεῖ.

2. τρὶς ἑκατὸν δὲ πλοῖ' ἔχει
τὸ Σαλαμίνιον στενόν,
παραμένοντα καρτερῶς
πολεμίων νεῶν βίαν.
οὔτις ἄλλος ὠφελήσει
βαρβάρων χερῶν πρὸς ὕβριν·
ἀλλ' οὐ φόβος ἐνῆν
θρασυτάτῳ Θεμιστοκλεῖ.

CHANTIES

3. ὁ βασιλεὺς ὁ Περσικὸς
ἐπὶ θρόνου καθίζεται,
μέγα μὲν ἱππικῷ φρονῶν,
μέγα δὲ ναυτικῷ στόλῳ,
ὃς τοσοῦτος ἦν ἔωθεν,
ἑσπέρας δὲ κἀφανίσθη·
οὐ γὰρ φόβος ἐνῆν
θρασυτάτῳ Θεμιστοκλεῖ.

4. θρασύτατος στρατηγὸς οὖν
ἐπεκράτησε βαρβάρων·
ἔφυγε Περσικὸς στόλος,
ἔφυγε πεζὸς ἐν μέρει·
εἰσαεὶ δὲ τοῖς μαχηταῖς
δόξα καὶ κλέος παρέσται·
οὐ γὰρ φόβος ἐνῆν
θρασυτάτῳ Θεμιστοκλεῖ.

LITTLE BO-PEEP.

ἐκάθευδε Κλεοβούλη, Κλεοβούλη, Κλεοβούλη,
οἱ δ' οἶες ἀπέφευγον ξενικὰς καθ' ὕλας.

σύριξε Κλεοβούλη, Κλεοβούλη, Κλεοβούλη,
ἤν πως ἐπανίωσιν σείοντες οὐράς.

ἔκλαιε Κλεοβούλη, Κλεοβούλη, Κλεοβούλη,
τοὺς οἶας ὀλέσασα ξενικὰς καθ' ὕλας.

μὴ κλαῖε, Κλεοβούλη, Κλεοβούλη, Κλεοβούλη,
ἥκουσι πάλιν ἤδη σείοντες οὐράς.

BAA BAA BLACK SHEEP.

Isabella.

μελανόθριξ μελάνουρος δασύμαλλος κριὸς
λεγέτω μοι τίς ἐν οἴκοις ἐρίων θησαυρός,
μελανόθριξ μελάνουρος δασύμαλλος κριός.

παράκειται μέγας οἴκοις ἐρίων θησαυρός·
παρέσαξ' ἐν τρισὶ σάκκοις ἀναμέστοις οὖσιν·
παράκειται μέγας οἴκοις ἐρίων θησαυρός.

τίνι δώσεις τὸν ἐν οἴκοις ἐρίων θησαυρόν,
παρασάξας τρισὶ σάκκοις ἀναμέστοις οὖσιν ;
τίνι δώσεις τὸν ἐν οἴκοις ἐρίων θησαυρόν ;

ἕνα μὲν σοί, δύ' ἐμαυτῷ, τὸ δὲ λοιπὸν χοίροις·
τάδε φησὶν μελανόθριξ μελάνουρος κριός·
ἕνα μὲν σοί, δύ' ἐμαυτῷ, τὸ δὲ λοιπὸν χοίροις.

CHANTIES

SONG OF PYRGOPOLYNEICES.
Irish air.

εἰμὶ μέγας ἔγωγ' ἀνήρ,
ὅπλων τις οὐκ ἄπειρος·
ὥσθ' ὅταν λάβω χερί ποτε δεξιᾷ μάχαιραν,
εὐλαβῶς ἐπιστρέφω φυλακτικῶς τ' ἐπ' οὐράν·
ὁ τήμερον γὰρ ἀποφυγὼν αὔριον μαχεῖται.

εἰμὶ μέγας ... ἄπειρος·
ὥσθ' ὅταν τιθῶ κόρυν ἐπὶ κρατὶ τὴν σιδηρᾶν
εὐλαβῶς ...

εἰμὶ μέγας ... ἄπειρος·
ὥσθ' ὅταν ἐπ' ἀριστερᾷ τιθῶ ποτ' ἀσπίδ' ἐσθλήν,
εὐλαβῶς ...

εἰμὶ μέγας ... ἄπειρος·
ἢν ἰδοὺ πανοπλίᾳ σεσαγμένος πάρειμι
εὐλαβῶς δ' ἐπιστρέφω ...

CHANTIES

O DEAR, WHAT CAN THE MATTER BE.

1. φεῦ φεῦ τί ποτε γέγονε,
   φεῦ φεῦ τί ποτε γέγονε,
   φεῦ φεῦ τί ποτε γέγονε,
   τί ποτε γέγονε δή ;

2. Κέρδων ἔφυγεν ἔφυγε,
   Κέρδων ἔφυγεν ἔφυγε,
   Κέρδων ἔφυγεν ἔφυγεν,
   ἔφυγεν ἔφυγε δή.

3. κλέψας πρόβατα πρόβατα . . .
   πρόβατα πρόβατά μοι.

4. ἄξω πατέρα τὸν ἐμόν, . . .
   ἵνα φυγάδα λάβῃ.

5. ἄξω στόλον ὁπλόμαχον, . . .
   ἵνα φυγάδα βάλῃ.

6. ἄξω κύνα πολύφαγον, . . .
   ἵνα φυγάδα φάγῃ.

THE SIREN.

1. ἦν ὁ πλοῦς ἐν θαλάττῃ πρὸς ἡλίου δύσιν,
πόλλ' ἀπεπλάγχθημεν δρόμου·
κᾆτα Σειρὴν ἐφάνθη καθημένη πέτραις
ψάλλουσ' ἡδύθρουν μέλος λύρᾳ λύρᾳ λύρᾳ,
ψάλλουσ' ἡδύθρουν μέλος λύρᾳ.
φεῦ κλυδώνων κλυζόντων,
φεῦ θυελλῶν φυσωσῶν·
οἱ μὲν ἄκραις κεραίαις καθήμεθ' ἀσφαλῶς,
οἱ δὲ δὴ ναυσιῶσιν οἱ κάτω κάτω κάτω,
οἱ δὲ δὴ ναυσιῶσιν οἱ κάτω.

CHANTIES

2. εἴθ' ὁ ναύκληρος εἶπεν· γυνὴ μέν ἐστί μοι,
καὶ τριάκοντ' εἰσὶν τόκοι·
χαιρέτω δὴ γυνή, χαιρέτω δέ πᾶς τόκος,
ὀρφανὸς γὰρ γενήσεται χορὸς χορὸς χορὸς...

3. μικρὸς ἦν μειρακίσκος, βοᾷ δὲ καρτερῶς,
οὐ μέλει μοι γυναικὸς σέθεν·
ἀλλὰ μήτηρ πατήρ τ' εἰσὶν ἐν δόμοις ἐμοῖς,
οἷσι πένθος γενήσομαι θανὼν θανὼν θανών...

4. ἡ δὲ ναῦς θεῖσα κύκλους κυκλουμένη τρέχει,
οἱ δὲ ναῦται χορεύουσιν εὖ,
εἶτα φρούδη κατάντης κατῴχετ' ἐς βυθόν,
κἠφανίσθη στροβουμένη κάτω κάτω κάτω...

CHANTIES

COUNTRY LIFE.
A SINGING GAME.

Follow my gable hoary man.

φέρεθ' ἕπεσθε παιδία,
ὅτι ποιῶ ποιεῖτε μοι.
ὅτι ποιεῖς ποιήσομεν
ἑπόμενοι τρόπῳ τινί.

σπέρματα καταβάλλετε
ὥστε καταπεσεῖν χαμαί.
καταβαλοῦμεν ὡς λέγεις
ὥστε καταπεσεῖν χαμαί.

ἄροτρον ὧδ' ἐλαύνετε
κατὰ δὲ τέμνετ' αὔλακας.
ἄροτρον ὧδ' ἐλῶμεν εὖ,
κατατεμοῦμεν αὔλακας.

ὅταν ἔαρ φανῇ πάλιν
στάχυές εἰσι πανταχοῦ.
βλέπομεν ὡς λέγεις ἀγροῖς
στάχυας ἐμπεφυκότας.

νῦν μὲν οὖν θερίζετε
δρέπαν' ἔχοντες ἐν χερί.
νῦν μὲν οὖν θεριοῦμεν εὖ
δρέπαν' ἔχοντες ἐν χερί.

μετὰ δὲ πάντ' ἀμᾶτέ μοι
δράγματα περικείμενα.
μετὰ δὲ πάντ' ἀμήσομεν
δράγματα περικείμενα.

ἀπαλοᾶτε νῦν ταχέως
ὅσον ἅλως ἔχει θέρος.
ἀπαλοήσομεν ταχέως
ὅσον ἅλως ἔχει θέρος.

ἀναλικμᾶτε νῦν πτύῳ
σιτία κατακείμενα.
ἀναλικμήσομεν πτύῳ
σιτία κατακείμενα.

φέρετ' ἀλεῖτε τῇ μύλῃ,
ἵνα ποιῆτε τἄλφιτα.
ἀλέσομεν μύλῃ καλῶς
ἵνα ποιῶμεν ἄλφιτα.

ὕδατι πάντα μάττετε,
παχὺ γενήσεται στέαρ.
ὕδατι πάντα μάξομεν,
παχὺ γενήσεται στέαρ.

πυρὶ μὲν ἄρτον ἐν πνιγεῖ
πυρὶ πλακοῦντα πέττετε.
πυρὶ μὲν ἄρτον ἐν πνιγεῖ,
πυρὶ πλακοῦντα πέψομεν.

περικαθίζετ' οὖν κύκλῳ
περὶ τράπεζαν ὧδέ μοι.
περικαθίζομεν κύκλῳ
περὶ τράπεζαν ὧδέ σοι.

φάγετε δὴ τὸν ἄρτον εὖ
ὅσα τε κἄλλα πέμματα.
ἐδόμεθ' οὖν τὸν ἄρτον εὖ
ὅσα τε κἄλλα πέμματα.

CHANTIES

MY BOY WILLIE.

From English Folk-Songs, collected and arranged by Cecil J. Sharp.

1. ποῦ ποτ' ἦσθα τήμερον
ὦ παῖ φίλε;
ποῦ ποτ' ἦσθα τήμερον;
οὐκ ἐρεῖς ἐμοὶ τόδε;

   ἐμνηστεύομεν
καλλιπάρθενον κόρην,
ἔσθ' ὅμως νέα
κοὐκ ἐᾷ γ' ἡ μάμμη.

2. ἆρ' οἷα τε νῆμα νεῖν ...
καὶ νεῖν οἶδεν εὖ
καὶ σχεδὸν τὰ πάντα δή,
ἔσθ' ὅμως ...

3. ἆρ' οἷα κρέκειν κρόκην; ...
ἱστουργεῖ καλῶς,
καὶ κρέκει κρόκην καλήν,
ἔσθ' ὅμως ...

4. οἶδε τὴν μαγειρικήν ...
οἶδε τὴν μαγειρικήν
ὀψοποιὸς οὖσ' ἄκρα·
ἔσθ' ὅμως ...

5. ἆρ' ἕψει χύτραν . . .
   οἶδ' ἕψειν ἔτνος
   οἷον Ἡρακλῆς φιλεῖ,
   ἔσθ' ὅμως . . .

6. ἆρ' ὀπτᾷ κρέας . . .
   οἶδ' ὀπτᾶν κρέας
   καὶ τὸ δεῖπνον ἀμφέπειν·
   ἔσθ' ὅμως . . .

7. ἆρα σιτοποιὸς αὖ . . .
   πέττει πέμματα
   μᾶζαν ἄρτον ἴτρια,
   ἔσθ' ὅμως . . .

8. καὶ πόσων ἐτῶν κυρεῖ . . .
   δὶς τρὶς τετράκις
   πεντάκις τε χιλίων·
   ἔσθ' ὅμως νέα
   κοὐκ ἐᾷ γ' ἡ μάμμη.

CHANTIES

ROUND THE RING.

A SINGING GAME.

Green Grass.

1. ἐθέλομεν χορεύειν
πάντες ἐν κύκλῳ·
τίνα δ' ἑλοίμεθ' ἂν δὴ
σύζυγον χοροῦ;
κύων τίς ἐστί μοι
καλός τε κἀγαθός·
τὸ πρῶτον οὖν ἑλέσθαι
πάρεστι τὸν κύνα.

2. ἐθέλομεν . . . χοροῦ;
τράγος τίς ἐστί μοι
καλός τε κἀγαθός·
τὸ δεύτερον δ' ἑλέσθαι
πάρεστι τὸν τράγον.

3. μῦς τίς ἐστί μοι
καλός τε κἀγαθός·
τρίτον δὲ μῦν ἑλέσθαι
πάρεστι πρὸς χορόν.

4. αἴξ τίς ἐστί μοι
καλός τε κἀγαθός·
τέταρτον αἶγ' ἑλέσθαι
πάρεστι πρὸς χορόν.

5. λαγῶς τίς ἐστί μοι
καλός τε κἀγαθός·
τὸ πέμπτον οὖν ἑλέσθαι
πάρεστι τὸν λαγῶν.

6. ἵππος ἐστί μοι
καλός τε κἀγαθός·
τὸ δ' ἕκτον οὖν ἑλέσθαι
τὸν ἵππον ἔστι μοι.

7. ἔλαφός τίς ἐστί μοι
καλός τε κἀγαθός·
τὸν ἔλαφον οὖν ἑλέσθαι
πάρεστιν ἕβδομον.

8. ὄνος τίς ἐστί μοι
καλός τε κἀγαθός·
τὸν ὄνον ἔπειθ' ἑλέσθαι
πάρεστιν ὀγδόον.

9. κροκόδειλός ἐστί μοι
καλός τε κἀγαθός·
τὸ δ' ἔνατον οὖν ἐλέθαι
κροκόδειλον ἔστι μοι.

10. ἅπας δὲ νῦν κύκλῳ
χορευέτω χορός·
πρόσειμι δέκατος αὐτὸς
καλός τε κἀγαθός.

CHANTIES

WHICH IS THE WAY TO ATHENS TOWN?

Jolly Rovers,

προσίωμεν πρὸς Ἀθήνας, πρὸς Ἀθήνας, πρὸς Ἀθήνας,
προσίωμεν πρὸς Ἀθήνας σύ τε κἀγὼ κἄλλοι.
ἀλλ' ἡμῖν τίς ὁδαγός . . . . . . σοὶ κἀμοὶ κἄλλοις;
ἀλλ' ἡμᾶς ὄνος ἕρπων . . . . . . ἐπὶ νώτοις οἴσει.
ὄνος οὗτος βραδὺς ἔσται . . . . πρὸς Ἀθήνας ἕρπων.
ἀλλ' ἵππος πολὺ θᾶσσον . . . πρὸς Ἀθήνας οἴσει.
ὁ δ' ἕν' ἐστὶν πόδα χωλός . . . ἅλις οὐκ εἰσὶν τρεῖς.
ἐλέφας τις μέγας ἡμᾶς . . . . . πρὸς Ἀθήνας οἴσει.
φοβερὸν δὴ τέρας οὗτος . . . . οἰμώξω προσορῶν.
ἔστ' οἴκοι τις ἅμαξα . . . . τετράκυκλος μεγάλη.
σὺ δ' ἐλαύνων κατέαξας . . . . . δύο κύκλους αὐτῆς.
χρὴ δὴ τοῖς ποσὶ χρῆσθαι . . . τοῖς ἡμῶν αὐτῶν.
καὶ πῶς δεῖ ποσὶ χρῆσθαι . . . ὥστ' ὀρθῶς βαίνειν;
ἕτερον δεῖ πόδ' ἐπαίρειν, πόδ' ἐπαίρειν, πόδ' ἐπαίρειν,
ἕτερον δεῖ καταθεῖναι ὥστ' ὀρθῶς βαίνειν.

CHANTIES

THE TOWER.

A SINGING GAME.

La tour prends garde.

Soldier. 1. φύλαττε πύργε σαυτὸν ἐχυρέ, μὴ καταπέσῃς σύ.
Tower.   ἄπεστι φόβος, ἄπεστι πόλεμος, οὐ καταπεσοῦμαι.
Soldier. 2. ἐγὼ δὲ παρακαλῶ βοηθὸν ὅς καταβαλεῖ σε.
Tower.   ἄγ' οὖν σὺ παρακάλει βοηθόν, οὐ καταβαλεῖς με.
Soldier. 3. ἰδοὺ προσέπεσον ἐς τὰ γόνατα τοῦ βασιλέως μου.
King.   τί δῆτα γονυπετὴς κατέπεσες, ὦ φίλε λοχαγέ;
Soldier. 4. δὸς ἄνδρ' ὁπλόμαχον ὥστε πύργον εὖ καταβαλεῖν δή.
King.   λάβ' ἄνδρ' ὁπλόμαχον ὥστε πύργον εὖ καταβαλεῖν δή.
           5—7 = 1—3 over again.
Soldier. 8. δὸς ἄνδρε δύο τίν' ὥστε πύργον εὖ καταβαλεῖν δή.
King.   λάβ' ἄνδρε δύο τίν' ὥστε πύργον εὖ καταβαλεῖν δή.
           9—11 = 1—3 over again.
Soldier. 12. τὸν εὐφιλῆ δὸς υἱὸν αὐτὸν ὡς καταβάλωμεν.
King.   τὸν εὐφιλῆ λάβ' υἱὸν αὐτὸν ὡς καταβάλητε.
           13—15 = 1—3 over again.
Soldier. 16. συνελθὲ καὐτὸς ὥστε πύργον εὖ καταβαλεῖν δή.
King.   συνεῖμι καὐτὸς ὥστε πύργον εὖ καταβαλεῖν δή.
Soldier. 17. φύλαττε πύργε σαυτὸν ἐχυρὲ μὴ καταπέσῃς σύ.
Tower.   ἰδών γε βασιλέα παρόντα νῦν καταπεσοῦμαι.
                                                (Falls.)

CHANTIES

THE WOOER

Le Chevalier de Guet.

1. τίς παρέρχεται κάτω,
   φίλτατε βασιλέως ὀπαδέ,
   τίς παρέρχεται κάτω,
   νυκτὸς κατὰ πόλιν;

2. γεννάδας νεανίας
   φίλτατε βασιλέως ὀπαδέ,
   γεννάδας νεανίας,
   νυκτὸς κατὰ πόλιν.

3. τί δὲ θέλει νεανίας...
4. φιλτάτου γάμου τυχεῖν...
5. τίς δέ σοι γυνὴ πάρα...
6. τῶν γε σῶν κορῶν μία...
7. οὐ πάρεισί μοι κόραι...
8. ἀλλὰ δή σέ φασ' ἔχειν...
9. εἰ πάρεστί τις — τί δαί...
10. δῶρα πολλὰ δώσομεν...
11. οὐ τοιῶνδέ τοι μέλει...
12. ἱππικὴν συνωρίδα...
13. ἵππον οὐ ποθεῖ κόρη...
14. κόσμον ὃν γυνὴ φιλεῖ...
15. οὐ φιλεῖ δ' ἐμὴ κόρη...
16. εἴμ' ἀνὴρ ἐρῶν πολύ...
17. ὡς τοιοῦτος ὢν λάβε.

CHANTIES

THE MAD MICE.

Au clair de la lune.

1. βλέπετε τρέχοντας
ἕνα δύο τρεῖς,
προσέτι τέταρτον
κατὰ τὸ πέδον.
λέγε τίνες εἰσιν,
ἵν' ἐπιμάθω·
διὰ τί τρέχουσιν
κατὰ τὸ πέδον;

2. μέγα μὲν ἐρωτᾷς,
τόδε δὲ λέγω,
ὅτι μύες εἰσὶν
παραφρόνιμοι.
ὀλίγον ὄπισθεν
παραμένετον
ἅμα τε γεωργὸς
ἅμα τε γυνή.

3. λέγε δὲ μάχαιραν
διὰ τί γυνὴ
φοβερὰ βλέπουσα
χερὶ παρέχει;
ὅτι μετὰ ταῦτα
τάχ' ἀποτεμεῖ
κατὰ μίαν οὐρὰς
μυσὶ μανικοῖς.

CHANTIES

ARISTOGEITON.

Le roi d' Yvetot.

1. πάλαι τύραννον Ἱππίαν
ἔκοψ' Ἀριστογείτων,
ὁ γὰρ τύραννος Ἱππίας
ἔβλαπτε τοὺς πολίτας.
ὁ δ' ἀνὴρ πάνυ καλός,
πάνυ καλός τε κἀγαθός.

2. ὁ γὰρ τύραννος Ἱππίας
ἔπεμπε τὴν ἑορτήν,
ξίφος δ' ἐν ἄνθεσιν μέσοις
ἔκρυψ' Ἀριστογείτων.
ὁ δ' ἀνὴρ κ.τ.λ.

3. ἔπειτα τὸ ξίφος λαβὼν
βαλών τε τὸν τύραννον
ἐλευθέραν ποιεῖ πόλιν,
ἐλευθέρους πολίτας.
ὁ δ' ἀνὴρ κ.τ.λ.

CHANTIES

THE SWALLOW.

1. ἰδοὺ ἦλθε χελιδὼν δή,
προσάγουσα καλὴν ὥραν·
ἔαρ ἐπανήκει νῦν,
ἀπέφυγε δ' αὖ χειμών.

2. τὰ δὲ παιδία νῦν παίξει,
παριόντ' ἀνὰ τὴν κώμην·
"δότε δότε δῶρ' ἡμῖν·
ὅδε νόμος ἐστ' ἦρος.

3. "παλάθην σε προκυκλεῖν δεῖ
ἀπὸ πίονος οἰκίσκου,
ἐπὶ δὲ πλακοῦς ἔστω
πέπονα δὲ μῆλ' εὐθύς.

4. "σὺ γὰρ εἰ τάδε μὴ δώσεις
μέγα δὴ κακὸν ἔσται σοι·
ἀπό τε θύραν ῥήξω
ἀπό τε γυναῖκ' οἴσω.

5. "σὺ δ' ἄνοιγε θύραν ἡμῖν·
μέγα δή τι φέροι ἂν νῦν.
διὰ τί φοβεῖ παῖδας;
δότε δότε δῶρ' ἡμῖν."

JOHN PEEL.

τίς ὅδ' ἱππεύει κατ' ὄρη κατ' ἀγρούς
ὑπὸ σάλπιγγος μεγάλης τε βοῆς,
πολλῶν μὲν ἄγων ὄχλον ἱππευτῶν
πολλὰς δὲ κύνας μεθ' ἑαυτοῦ;

ὅδε τοι Πηλεὺς πάνυ θηρευτής,
ὃς ἕωθεν ἄγει κύνας ἠδ' ἱππέας
ἐπ' ἄγραν θηρῶν ἐλελιζόμενος
κἀξ ὕπνου πάντας ἐγείρει.

φέρε τις Πηλέα ποτ' ἄρ' οὐκ ἔγνω,
πέτασόν τ' ἐσθῆτά τε τὴν γλαυκήν·
ὁ δὲ κἂν ἤγειρ' ἀπὸ τοῦ τύμβου
νεκρὸν ὅς γ' ἤκουσε βοῶντος.

νέος ὢν ᾤκει παρὰ Κενταύρῳ,
ἐλάφων δ' ἐκράτει ταχυτῆτι ποδῶν,
νῦν δ' οἰχόμενος μετὰ τὸν θάνατον
μακάρων νήσοισιν ἐνοικεῖ.

CHANTIES

THREE JOLLY POSTBOYS.

τρεῖς συνέπινον μέθυ πόθ' ἑταῖροι·
οἱ δ' ὀπὶ μεγάλῃ
παῖδ' ἐπεκάλεσαν,
μεστὸν ἔχοντα κρα-
-τῆρα μέγαν οἴνου.
δὸς ἔτι ποτὸν ἕτερον, ἔτι δὲ τρίτον ἄλλο.
νῦν ἱλαρὸς ἐγώ... [τρίς]
τὸ μετὰ τάδε νήφω.

εἰ μέθυ πίνοις, τότε δὲ καθεύδοις,
εὖ βίον ἂν ἄγοις... [τρίς]
μάλα δ' ἀποθάνοις εὖ.
δὸς ἔτι κ.τ.λ.

πᾶς δ' ὑδατοπότης κακὸν ὄνομ' ὦφλεν,
κἂν Στυγὸς ὕδατι... [τρίς]
ὑπόβρυχ' ἀπεπνίχθη.
δὸς ἔτι κ.τ.λ.

CHANTIES

THE DEATH OF RAVEY-RAVEN.

Lady of the Land.

1. τίς αὐτόχειρ ἀπέκτανεν,
   παθὼν μὲν εὖ, κακῶς δὲ δρῶν,
   κορει — κορει — κορώνην;

2. ἔγωγέ, φησι καρκίνος,
   λαβὼν τράχηλον εὐφιλῶς
   κορει — κορει — κορώνης.

3. τίς ὄμματ᾽ ἀποθανουμένης
   ἔκλεισεν ὡς νόμος λέγει
   κορει — κορει — κορώνης;

4. ἔγωγέ, φησι βοῦς γελῶν,
   ἐπὶ κεφαλῇ καθήμενος
   κορει — κορει — κορώνης.

5. τίς αἵματος σταλάγματα
   κατέλαβεν ἐκρέοντ᾽ ἀπὸ
   κορει — κορει — κορώνης;

6. ἔγωγέ, φησιν αἰετός,
   ἔχων ὄνυξι τρύβλιον
   κορει — κορει — κορώνῃ.

7. νεκρὸν τίς εὐσεβῶς λαβὼν
   ἔλουσε θερμὰ λουτρὰ δούς
   κορει — κορει — κορώνῃ;

8. ἔγωγέ, φησιν ὁ γαλεός,
χέων ὕδωρ θαλάττιον
κορει — κορει — κορώνῃ.

9. τίς ἤθελέν τότ' ἐκφέρειν
πρὸς ὕστατα κτερίσματα
κορει — κορει — κορώνην ;

10. ἔγωγέ, φησιν ὁ πολύπους,
κοτύλαις ἐμαῖσι συλλαβὼν
κορει — κορει — κορώνην.

11. τίς ἐγκαθῆκεν εὐλαβῶς
βαθεῖαν ἐς κατασκαφὴν
κορει — κορει — κορώνην ;

12. ἔγωγέ, φησιν ἔγχελυς
ἱμαντί γ' οὖσα προσφερής
κορει — κορει — κορώνην.

13. τίς αὖ κατέλαβεν ἐς σκάφην
κατῆγε δ' ἐς τὰ Τάρταρα
κορει — κορει — κορώνην ;

14. ἔγωγε, μέγα βοᾷ Χάρων,
ἔχων τὸ πορθμέως τέλος
κορει — κορει — κορώνῃ.

CHANTIES

THE FARMER'S MARKETING.

1. ἦα πρὸς ἀγοράν, ἀγοράν, ἀγοράν,
   ἦα πρὸς ἀγοράν, φησὶ γεωργός.
2. καὶ τί ποτ' ἐπρίω, ἐπρίω, ἐπρίω,
   καὶ τί ποτ' ἐπρίω, χρηστὲ γεωργέ;
3. βοῦν τιν' ἐπριάμην, ἐπριάμην, ἐπριάμην,
   βοῦν τιν' ἐπριάμην, φησὶ γεωργός.
4. καὶ τί τότ' ἐποίεις, ἐποίεις, ἐποίεις,
   καὶ τί τότ' ἐποίεις, χρηστὲ γεωργέ;
5. βοῦν τότ' ἀπεδόμην, ἐδόμην, ἐδόμην,
   βοῦν τότ' ἀπεδόμην, φησὶ γεωργός.
6. καὶ τί τότ' ἐπρίω ...
7. ἵππον ἐπριάμην ...
8. καὶ τί τότ' ἐποίεις ...
9. ἵππον ἀπεδόμην ...
10. καὶ τί τότ' ἐπρίω ...
11. κάπρον ἐπριάμην ...
12. καὶ τί τότ' ἐποίεις ...
13. κάπρον ἀπεδόμην ...
14. καὶ τί τότ' ἐπρίω ...
15. ὄρνιν ἐπριάμαν ...
16. καὶ τί τότ' ἐποίεις ...
17. ὄρνιν ἀπεδόμην ...
18. καὶ τί τότ' ἐπρίω ...

CHANTIES

19. μῦν τότ' ἐπριάμην ...
20. καὶ τί τότ' ἐποίεις ...
21. μῦς τότ' ἀπέφυγεν, ἔφυγεν, ἔφυγεν ...
    μῦς τότ' ἀπέφυγεν, φησὶ γεωργός.

With ἐπριάμην repeated an extra short syllable has to be squeezed in  instead of ♪ ♪

THE TRUANT.

London Bridge.

1. ποῦ ποτ' ὢν ἐλάνθανες, ποῦ ποτ' ὢν ἐλάνθανες,
   ποῦ ποτ' ὢν ἐλάνθανες, φίλε παῖ, λέξον.
2. εἰπόμην διδασκάλῳ .... ἔχε συγγνώμην.
3. ποῦ 'στι δὴ διδάσκαλος .... φίλε παῖ, λέξον.
4. ἐν ξύλοις καθίζεται .... ἔχε συγγνώμην.
5. ποῦ ποτ' ἐστὶ τὰ ξύλα .... φίλε παῖ, λέξον.
6. πῦρ ἔκαυσε τὰ ξύλα .... ἔχε συγγνώμην.
7. ποῦ ποτ' ἐστὶ δὴ τὸ πῦρ ... φίλε παῖ, λέξον.
8. πῦρ' ὕδωρ κατέσβεσεν ...... ἔχε συγγνώμην.
9. ποῦ ποτ' ἔσθ' ὕδωρ τόδε ... φίλε παῖ, λέξον.
10. ἐκπέπωκε πᾶν ὁ βοῦς ...... ἔχε συγγνώμην.
11. ποῦ ποτ' ἐστὶ δῆθ' ὁ βοῦς ... φίλε παῖ, λέξον.
12. πανδοκεὺς ἔκοψέ νιν .... ἔχε συγγνώμην.
13. ποῦ ποτ' ἔσθ' ὁ πανδοκεύς ... φίλε παῖ λέξον.
14. ἔπτατ' ἐς τὸν οὐρανόν ..... ἔχε συγγνώμην.

CHANTIES

THE HOUSE THAT JACK BUILT.

ἐχυρὸν ποτ' Ἴακχος ὁ μεγαλοφρονῶν
ἐτείχισε θησαυρόν·
τούτῳ δ' ἐγκείμενα σιτί' ἐνῆν
ὅν ποτ' Ἴακχος ἐτείχισε θησαυρόν.

ἀλλ' οὗτος ὁ μῦς ἦν ὁ καταφαγὼν
πάνθ' ὅσ' ἐνῆν σιτία τῷδ'
ὅν ποτ' Ἴακχος ἐτείχισε θησαυρόν.

αἴλουρος ἔπειτα κακὸν ἔφαγε μῦν
ὅς γ' ἔφαγεν πάνθ' ὅσ' ἐνῆν σιτία τῷδ'
ὅν ποτ' Ἴακχος ἐτείχισε θησαυρόν.

αἴλουρον ἔπειτα κατέδακε κύων
ἣ 'φαγε μῦν ὅς γ' ἔφαγεν πάνθ' ὅσ' ἐνῆν σιτία τῷδ'
ὅν ποτ' Ἴακχος ἐτείχισε θησαυρόν.

ἐκύριττε δ' ἕλιξ κύνα βοῦς μεγάλη
ὅς γ' ἔδακ' αἴλουρον ἰδὼν ἣ 'φάγε μῦν ... θησαυρόν.

αὕτη δὲ κόρη βοὸς ἦν φυλακίς
ἣ γ' ἐκύριττεν κύνα τόνδ' ὅς γ' ἔδακ' αἴλουρον ἰδὼν
ἣ ... θησαυρόν.

ἀλλ' οὗτος ἀνὴρ ῥακόδυτος ἐγάμει
τήνδε κόρην ἣ 'νεμε βοῦν ἥ γ' ἐκύριττεν ... θησαυρόν.

CHANTIES

ἱερεὺς προτέλει ὅδ' ἐτέλεσε γάμου
τῆσδε κόρης ἢ 'νεμε βοῦν ... θησαυρόν.

ὅδ' ἐκόκκυσε κοκκοβόας ἱερεῖ
ὡς προτέλει' ἐκτελέσῃ τῆσδε κόρης ἢ 'νεμε βοῦν
ἢ γ' ἐκύριττεν κύνα τόνδ' ὅς γ' ἔδακ' αἴλουρον
ἰδὼν ἢ 'φαγε μῦν ὅς γ' ἔφαγεν πάνθ' ὅσ' ἐνῆν
σιτία τῷδ'
ὅν ποτ' Ἴακχος ἐτείχισε θησαυρόν.

Stanza I is sung straight through: then the first two lines with each following stanza, and the extra phrases to the bar *ad lib.* repeated.

CHANTIES

AN ALPHABET.

Ἄλφα, μὲν ἀρχὴ σάφα προφανεῖται
ἧς ἄτερ οὐκ ἄν ποτε τέλος εἴη.

Βῆτα βαρὺς βοῦς ἐπὶ βαλανεῖον
βλαισὰ βαδίζει βαρύβρομα βήττων.

Γάμμα γυναῖκας δέκα γεγαμηκὼς
γαῦρα γέγηθεν γεγονόσι γαμβροῖς.

Δέλτα δεδορκὼς δάκρυα δρακόντων
δεινὰ παθόντων δορὶ διαπείρει.

Εἶ τέρας εἶδεν μετὰ προμάχοισιν·
εἰλίποδας βοῦς ἐθελοκακούσας.

Ζῆτά ποτ' ὀσφραινόμενος ἐλαίου
οὐ πολὺν ἔξη χρόνον ἐπὶ τούτοις.

Ἦτα ποτ' ἠοῖ τόδε μέλος ἤλει·
ἥλιος ἤδη πάλιν ἀνατέλλει.

Θῆτα θυρωροῦ θυγατέρας ὀκτὼ
χερσὶ ῥαπίζων ἔβαλε θύραξε.

Ἰῶτα μέγιστος φιλόσοφός ἐστιν·
φησὶ δέ· θρῖπες κακά, κακὰ δ' ἶπες.

Κάππα καθεύδει μάλα κακοδαίμων,
ὥστε κέκαυται πυρὶ καταφλεχθείς.

Λάμβδα δὲ λουτροῖς λιπαροπρόσωπος
λὰξ τρίχ' ἐλαίῳ λικριφὶς ἀλείφει.

CHANTIES

Μῦ μελίκρατον μέθυ πολὺ πίνων
μορμολυκεῖον μεγαλόφρον εἶδεν.
Νῦ δ' ὄνος ἐστὶν νεοπόκος αἰνὸς
ὅς νόμον ἡμῖν νενομοθέτηκεν.
Ξῖ ξένον εἶδεν βαθύτριχα γοργὸν,
καὶ ξυρὸν αἴρων ἔξυε πρόσωπον.
Οὖ ποθ' ὁδίτην ἔβαλ' ὀβελίσκοις
οἰνοποτὴρ ὢν ὅσιος ὀχληρός.
Πῖ ποτε παῖς ὢν μάλα πολυπράγμων
πάντα προπάππου πόπανα παρῄρει.
Ῥῶ ποτε ῥέγκων βάτραχος ὅπως τις
ἔπταρε ῥίγει δεκάκις ἐφεξῆς.
Σῖγμα συνῴκει τρισὶ συσὶ σεμνοῖς
καὶ σφόδρ' ἔσιζεν παρὰ πυρὶ φρυχθείς.
Ταῦ κατάκειται παρὰ τρισὶ τέκνοις
καὶ τὸ τάριχος τρίχα κατατέμνει.
Ὗ καθ' ὕβριν δὴ κύν' ὑδροποτῶντα
οὐχ ὑγιαίνων ποθ' ὑπερεπήδα.
Φῖ φλόγα φαιδρὰν κρύφα παραφαίνων
φαρμακοπώλου φύλακα φυλάττει.
Χῖ χαριέντως ἔχανε χελώνης
χρυσοπέδιλον πόδα καταχαλκῶν.
Ψῖ ψιθυριστὴς ψελιοφόρος ψὰρ
ψύλλαν ἀποψῶν ψαλίδι τέτμηκεν.
Ὦ τέλος ἤδη τάχα κατέπαυσεν
φλήναφον ὕθλον τ' ἔτι δὲ φλύαρον.

GOD SAVE THE KING.

ὄρθου ταύτην πόλιν,
ὄρθου τὸν κοίρανον,
 καὶ τοὺς ἀστούς.
εἰ παύοις, ὦ θεός,
καὶ λοιμὸν καὶ στάσεις,
ὡς ὁμόφρονες ὦμεν ἐν
 πολεμίων ὁρμῇ.

φθείροις τοὺς βαρβάρους
κἄξω κἀντὸς πόλεως
 προρρίζους δή·
εἴη δ' ἄπραχθ' ὅλως
τὰ σκευωρήματα·
ὡς σὺ μόνος ἐπαρκέσεις
 ἡμῖν ἀλκῇ.

CHANTIES

CHANTICLEER.

Italian Air: Chicchirichì.

Cocococō! cocococō!
O galle, cur canis tu, canis tu, canis tu,
sono replens locum?
Aurora nunc venit, nox atra diffugit,
Cocococō, cocococō.

Cocococō, cocococō!
O galle, cur canis tu, canis tu, canis tu,
sono replens locum?
apparet ex mari sol ipse lucidus,
Cocococō, cocococō.

Cocococō, cocococō!
O galle, cur siles tu, siles tu, siles tu,
nec ore das sonum?
quando venit dies durus venit labor,
Cocococō, cocococō.

CHANTIES

PLEASE TO GIVE US A HOLIDAY.

Ludi magister,
quantos labores
nobis dedisti!

nempe innocens tu
imberbis infans
numquam fuisti.

odi magistros,
odi libellos,
pensumque longum.

nam feriarum
tempus videtur
dulce et decorum.

sol iam vocat nos,
caelum serenum,
rivi fluentes.

sit nare nobis,
unco sit hamo
captare pisces.

aut sit perita
pulsare planta
follem volantem.

CHANTIES

aut pol pilam sit
iactare longe
clava saligna.

indulgeamus
nobismet ipsis
quidquid volemus.

cum vesperascet
sit cena praesto
laetique edamus.

tum dormiamus
somno sepulti
dulci, profundo.

RESPONSUM MAGISTRI.

Grex improborum,
numquam quieti,
numquam silentes!

ite in malam rem,
ne vapuletis!
ite in malam rem!

CHANTIES

WONDERS ON THE ROAD.

Savez vous planter les choux.

1. Quid videmus in via—mira monstra, mira monstra, quid videmus in via—dum redimus ad forum?
2. sex bonas viragines—mira monstra, mira monstra, sex bonas viragines—dum redimus ad forum.
3. una quaeque sex canes...
4. ducit ex habenula...
5. una quaeque agit canis...
6. sex bonas puellulas...
7. hae ferunt puellulae...
8. una quaeque sex aves...
9. una quaeque avis tamen...
10. sex recludit ungulas...
11. singulis in ungulis...
12. ova sena continent...
13. dum videmus in via...
14. ova cuncta concidunt...

CHANTIES

15. ova dum cadunt simul ...
16. fit fragor perhorridus ...
17. dum fragor fit horridus ...
18. contrahuntur ungulae ...
19. dum trahuntur ungulae ...
20. voce concinunt aves ...
21. voce dum canunt aves ...
22. avolant puellulae ...
23. dum volant puellulae ...
24. allatrant canes simul ...
25. dum simul canes latrant ...
26. lacrimant viragines ...
27. an videntur haec precor—mira monstra, mira monstra
    an videntur haec precor—dum redimus ad forum?

THE ASS MAKES HIS WILL.

Mon beau Château.

1. Asinus quondam tara tara tara tara
   moriturus erat tara tara tara tam.
2. et amicos tum ... vocat ad lectum.
3. bene tunc omnes ... lacrimaverunt.
4. asinus clamat ... valeant omnes.
5. tibi legabo ... caput hoc pulchrum,
6. ut in aeternum ... sapias melius.
7. tibique hanc pellem ... tunicae causa.
8. tenerosque pedes ... fugitive, tibi.
9. tibi cauda datast ... quia simius es.
10. tibi vox dulcis ... bene qua cantes.
11. caput his dictis ... ubi deciderat,
12. pius exhalat ... animam moriens.
13. ita mortuus est ... asinus tandem.

LULLABY.

1. Lalla, lalla, dormias:
   manet hoc ecce leve cubile:
   dormias, ocelle mi.

2. flosculos profudero:
   rosa rubere breve videtur,
   usque quaque ego maneo.

3. sum precata tibi deos
   lacrima ne qua madida tingat
   ora amata pueruli.

4. lalla, lalla, mel meum:
   quid ita dulce, quid ita suave,
   lalla, lalla, corculum.

CHANTIES

THE THREE ROGUES.

1. Pater olim vivebat,
   genuit qui tres natos,
   revenitque domum quondam noctu
   pepulitque foras omnes.

   pepulitque foras omnes,
   pepulitque foras omnes,
   revenitque domum quondam noctu
   pepulitque foras omnes.

2. horum unus erat pistor,
   sutorque secundus erat,
   et sartor tertius ex natis,
   tres furciferi cives ...

3. nam primus agit nugas,
   tricasque secundus agit,
   ac tertius ex his furciferis
   sinceras quisquilias ...

4. hos ex tribus arboribus
   suspendit funiculis:
   ex illo tempore non quisquam
   desiderat hos fures.

THE BELLS.

1. Tintinnant, tintinnant, dic quare tintinnent
   haec tintinnabula quae tinnitum sic faciunt.
2. ignavos ut pueros e lectis eliciant,
   ut surgant seque lavent nitro curentque cutem.
   tintinnant, etc.
3. ut tunicis indutis braccisque et quidquid habent
   per scalas descendant tandem bene vestiti.
   tintinnant, etc.
4. ut ientent et comedant mox panis dimidium
   sex ova et tres pisces non ingratis animis.
   tintinnant, etc.
5. ut suspendant umeris plenos libris loculos
   festinentque ad ludum non ingratis animis.
   tintinnant, etc.
6. ne concludant oculos neu stertant in sellis,
   ne contundat ferula praeceptor vociferans.
   tintinnant, etc.
7. ut surgant, utque domum veloces iam repetant,
   mox pensis confectis carpant somnos faciles.

CHANTIES

THE OLD WOMAN WHO LIVED IN A SHOE.

1. Habitat in cothurno
   quem vides, anus:
   tot habet illa natos
   ut velit mori.
   > primus est malus, secundus est malus,
   > nec ex tot ullus est quin usque vapulet.

2. ubi lavanda mandat
   vasa filio,
   sine mora refringit
   deicitque humi.
   > primus est, etc.

3. et ubi clamat "aedes
   verre, filia!"
   sine mora reverrit
   stercus in solum.
   > primus est, etc.

4. coquere forte si volt
   prandium foco,
   aqua refusa totum
   perluit focum.
   > primus est, etc.

5. et ubi dormiendi
   tempus advenit,
   canere voce magna
   grex malus solet.
   > primus est, etc.

6. quid anus illa tandem
   facere iam potest?
   nisi dato veneno
   nulla pax erit.
   > primus est, etc.

CHANTIES

THE PERSISTENT PONTIFEX.

1. Ubi Romulus augebat Romam, debellabatque Sabinos,
   ego pontificatum suscepi spe lucri non sine magna.
   > nempe haud dubie nunc edico confirmoque ore rotundo,
   > rex quisquis erit Romanorum me pontificem retinebit.

2. at mox Numa cives convertit Romanos in pietatem,
   interque pios pius effectus semper divina colebam.
   > nempe, etc.

3. Hostilius Alba tum capta Tullus spolia ampla reportat:
   ego divitiis cresco, crescitque Albanis Roma ruinis.
   > nempe, ete.

4. bonus Ancus tum bene regnabat, belloque et pace supremus;
   ego pontificatum, dum regnat, belloque et pace tenebam.
   > nempe, etc.

5. Romanos Tarquinius fecit ludos magnasque cloacas:
   me pontificem videre novi ludi, videre cloacae.
   > nempe, etc.

CHANTIES

6. mox, Servi Tulli, tu muros ingentes aedificasti,
   divisistique omnes cives in classes quinque gradatim.
   nempe, etc.
7. deinde impia nata patrem morti dedit in Vico Scelerato,
   cum Tarquinius fraude atque armis rapuisset regna
   Superbus.
   nempe, etc.
8. tum Tarquinios cum Bruto nos eiecimus urbe fugatos:
   ope tum demum confirmatast Romae res publica nostrâ.
   nempe, etc.
9. ubi plebs petiit Montem Sacrum, saevi nova iura
   petentes,
   visumst satis exspectare domi iustorum fata deorum.
   nempe, etc.
10. ubi Gallica vis urbem cepit, placuit mulcere tyrannos,
    mox anseribus praebere cibum, dederant qui voce
    salutem.
    nempe, etc.
11. Sullae placui, placui Mario, mox per civilia bella
    quicumque videbatur victor, medio tutissimus ibam.
    nempe, etc.
12. et nunc placidam dego vitam, servans bene pontificatum,
    donec regit orbem terrarum flectens Augustus habenas.
    nempe, etc.

THE REVELLERS.

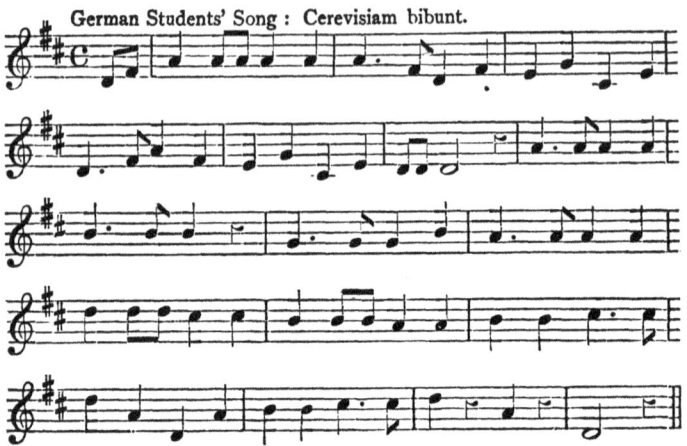

German Students' Song : Cerevisiam bibunt.

1. Nunc hora diei prima adest,
   coepit nobis convivium,
   nam vinum potant homines:
   iam bibendumst uncias,
   iam bibendumst uncias,
   nam sic bibitur, nam sic bibitur,
   in cenis principum – pam – pom,
   in cenis principum – pam – pom.

2. nunc hora secundast, nec minus
   pergit nobis convivium,
   nam vinum potant homines:
   iamque sextantes bibunt (*bis*).

   nam sic bibitur, etc.

3. nunc tertia nobis hora adest,
   pergit nobis convivium,
   nam vinum potant homines:
   iamque quadrantes bibunt (*bis*).

   nam sic bibitur, etc.

CHANTIES

4. nunc quarta diei pars adest,
   pergit nobis convivium,
   nam vinum potant homines:
   iam trientes potitant (*bis*).
      nam sic bibitur, etc.

5. nunc quinta diei pars adest,
   pergit nobis convivium,
   nam vinum potant homines:
   iamque quincunces bibunt (*bis*).
      nam sic bibitur, etc.

6. nunc sexta diei pars adest,
   pergit nobis convivium,
   nam vinum potant homines:
   iamque semisses bibunt (*bis*).
      nam sic bibitur, etc.

7. nunc septima nobis hora adest,
   pergit nobis convivium,
   nam vinum potant homines:
   iamque septunces bibunt (*bis*).
      nam sic bibitur, etc.

8. octava diei pars adest,
   pergit nobis convivium,
   nam vinum potant homines:
   iamque besses potitant (*bis*).
      nam sic bibitur, etc.

9. nunc nona diei pars adest,
   pergit nobis convivium,
   nam vinum potant homines:
   iamque dodrantes bibunt (*bis*).
      nam sic bibitur, etc.

10. nunc decima diei pars adest,
pergit nobis convivium,
nam vinum potant homines:
iamque dextantes bibunt (*bis*).
   nam sic bibitur, etc.

11. undecima diei pars adest,
pergit nobis convivium,
nam vinum potant homines:
iam deunces potitant (*bis*)
   nam sic bibitur, etc.

12. duodecima diei pars adest,
pergit nobis convivium,
nam vinum potant homines:
potitant asses meros (*bis*).
   nam sic bibitur, etc.

Fractions of the As:

$\frac{1}{12}$ = uncia.	$\frac{5}{12}$ = quincunx.	$\frac{9}{12}$ = dodrans.
$\frac{2}{12}$ = sextans.	$\frac{6}{12}$ = semis.	$\frac{10}{12}$ = dextans.
$\frac{3}{12}$ = quadrans.	$\frac{7}{12}$ = septunx.	$\frac{11}{12}$ = deunx.
$\frac{4}{12}$ = triens.	$\frac{8}{12}$ = bes.	$\frac{12}{12}$ = as.

CHANTIES

THE SOBER MAN.

1. Ubi noctu redeo
   miracula video :
   en vicum titubantem,
   huc illuc nutantem;
   pudet eheu pudet eheu
   pudet hunc ebrietatis.

2. mihi lunae duplices
   conivent oculis ;
   mihi rident tremebundae
   minitanturque caducae
   pudet eheu pudet eheu
   pudet has ebrietatis.

3. se torquent aedes
   in miras formas,
   se vertunt in dextram
   faciles inque sinistram :
   pudet eheu pudet eheu
   pudet has ebrietatis.

4. inter tot madidos
   ego sobrius unus :
   in vico titubanti
   sub luna tremebunda
   ego sobrius ego sobrius
   ego sobrius ego solus.

CHANTIES

MAGNA EST VERITAS.

1. Veritas est magna res:
   nil moror mendacium.
   audiatis fabulam.
   veritas est magna res,
   veritatis cultor
   fabulam narrat.

2. tres aves coctae foco
   per polum summum volant,
   quae supinis ventribus
   (veritas est magna res)
   terga vertunt infra,
   dulce cantantes.

3. nauta per terram ratem
   dirigit remis agens
   montis in fastigium
   (veritas est magna res)
   monte mox in summo
   mergitur fluctu.

CHANTIES

4. en chorus venaticus:
claudus hic, et surdus hic,
mutus hic, et caecus hic,
(veritas est magna res)
en bacillis nisi
ambulant omnes.

5. caecus hinc corvum videt,
mutus et surdo statim
nuntiat visum novum:
(veritas est magna res)
haud moratus praedam
claudus apprendit.

6. vacca turrim maximam
scandit, et summo loco
crinibus passis sedet
(veritas est magna res),
sed bubulcus flatu
deicit turrim.

THE ARK.

L'arche de Noè.

1. Deus profudit undas
solum per omne terrae,
animalibusque cunctis
molestiam afferebat.
et uda facta turba tunc
ululavit ore pleno
mumū, mimī, quaquā, quiquī,
rarā, bebē, cocō, tutū :
sola piscium gens nihil muttit.

2. ratem paravit amplam
vaferrimus fabrorum,
et omne bestiarum
simul vocavit agmen,
ovansque laeta turba tunc
reboavit ore pleno . . .

CHANTIES

3. decem dies per undas
   iter libenter ibant,
   sed heu viaticumque
   cibumque devorarant;
   timensque tota turba tunc
   ululavit ore pleno . . .

4. quid est, quid est edendum?
   vel Orcus appropinquat!
   nihil, nisi una vestrum
   pecus mihi esca fiet.
   tremensque tota turba tunc
   ululavit ore pleno . . .

5. at ecce nil recusant
   natantium caterva!
   genus petamus illud,
   petamus illud hamo.
   reboant tota turba tunc
   deisque gratias dant,
   mumū . . .

CHANTIES

THREE RAVENS.

1. Tres vidi corvos nigrantes
   qui sedebant in quercu:
   numquam vidi nigriores edepol!
   tunc unus vocem fundebat,
   "Desiderat hic escam venter:
   cedo mi, cedo cedo cedo cedo mi!"

2. "en corpus non procul in campo,
   en cadaver prostratum,
   lautas epulas et pingues edepol!
   sic copia multos per menses
   erit esurienti iam praesto:
   cedo mi, cedo cedo cedo cedo mi!"

3. "consanguineis quoque reddemus
   gratiam mox optatam:
   nam post epulas tandem pingues edepol!
   erimus monumentum, sarcophagus,
   tumulus, bustum, lapis, urna, simul:
   cedo mi, cedo cedo cedo cedo mi."

CHANTIES

CAESAR'S TRIUMPH.

1. Ecce Caesar nunc triumphat qui subegit Gallias,
   ecce turbam nunc reducit quae refert victoriam.

2. hunc Strabonem nominamus nempe ocellis paetulis;
   dexter ad septentriones, laevus austrum prospicit.

3. hic secundus Ahenobarbus, cuius ex mento subit
   messis ardens igneorum crinium quae pullulat.

4. deinde totum qui capillis Rufus illustrat locum,
   non Apollo sic rubescit, non cometarum chorus.

5. hunc vocamus Tuberonem, fronte quod summa sedet
   tuber ingens, sicut Alpes erigunt campis caput.

6. mox videbis Scipionem claudicantem sedulo,
   semper incumbit bacillo, quod regit tardos pedes.

7. Crassipes post ambulabit qui pedes crassos habet:
   dormiunt infantium par singulis in calceis.

8. ultimus tandem satelles sordidus Cento venit,
   obsitos magna colorum copia pannos gerens.

9. militaris multitudo per vias sic ambulat:
   ecce Caesar nunc triumphat qui subegit Gallias.

10. audies omnes canentes, dumque proculcant solum
    quisque se laudant vicissim, nomen exclamant suum.

CHANTIES

WHAT'S IN A NAME?

A Paris sur le petit pont.

1. Est mihi Naso cognomen,
   habeo tum longum nasum;
   superat colles, superat montes,
   sum Naso Naso Naso!
   et quod erit mox olfacio
   in posterioribus annis.

2. est mihi Glabro cognomen
   capiti quia non sunt crines,
   neque levius ovumst gallinae!
   sum Glabro Glabro Glabro!
   si te vis contemplari
   en iam speculi vice fungor.

3. est mihi Valgus cognomen
   quod crus inimicumst cruri;
   genua inter circulus est magnus —
   sum Valgus Valgus Valgus!
   circulus inter par genuum
   terrae caelique videtur.

4. est mihi Balbus cognomen
   quia sum lingua titubanti:
   quotiens aliquid vo-volo lo-loqui
   sum Balbus Balbus Balbus!
   ba-ba-balbu-ba-ba-balbutit
   lalaling — lalaling — lalalingua.

CHANTIES

SENTINEL'S SONG

Italian air: Il Coprifusco.

1. Stridor fit cava canit ubi tuba,
   cava canit ubi tuba :
   bene dormi : vigilo.

2. namque hostis tibi fugit ea loca,
   tibi fugit ea loca :
   bene dormi : vigilo.

3. lucescet, neque mora, neque mora,
   neque mora, neque mora :
   bene dormi : vigilo.

(This may also be sung as a catch, the second voice beginning on the third C.)

CHANTIES

A MYSTERY.

1. En homines duo,
   hic tibi caecus est,
   hic oculis caret,
   aspiciunt polum.
   heus taratantara
   heus taratantara
   hic oculis caret,
   aspiciunt polum.

2. en duo vultures,
   hic tibi surdus est,
   hic caret auribus
   sed tamen audiunt.
      heus, etc.

3. hi cito decidunt
   praecipitantque se
   in duo vascula
   nil nisi fragmina.
      heu, etc.

CHANTIES

4. hos aqua fervida
   prae glacie coquit,
   donec ab ignibus
   fit solidum gelu.
       heus, etc.

5. hos duo devorant,
   hic sine dentibus,
   hic quoque gutture
   qui caret et gula.
       heus, etc.

CHANTIES

THE THREE SAILORS.

1. Iter incipiebant nautae tres
   mare qui temptare volebant,
   quia copia nulla ratum visast,
   tunicam peperere lupini,

   > Dossennus edax, stolidus Bucco,
   > Pappusque senecta confectus:
   > age tympana dent raucum bombum,
   > tuba terribili tuba terribili
   > sonitu taratantara dicat.

2. vix iam peragrarant mille dies
   remis velisque profundum,
   violenta fames capit hos nautas,
   quia nulla viatica restant.
   > Dossennus, etc.

3. ait "esurio" Dossennus edax,
   ait "esurioque ego" Bucco;
   oculos movet infelix Pappus,
   neque pollet vociferari.
   > Dossennus, etc.

CHANTIES

4. etiam Dossennus edax, "Bucco,
   ait, haud hodie moriemur;
   manet en grandaevus enim Pappus
   cibus esurientibus ipse.
       Dossennus, etc.

5. "age Pappe para te, funus adest,
   et eris mox pulvis et umbra."
   simul his dictis stringit gladium
   acuitque in cote retusum.
       Dossennus, etc.

6. "per vos genua oro," Pappus ait,
   "mihi parcite, namque sodales
   bona sunt visa omina iam pridem,
   aquilae bis mille volantes.
       Dossennus, etc.

7. "video Romam, simul et video
   terram Carthaginiensem,
   video Colchos Hellesque fretum
   simul Herculeasque columnas.
       Dossennus, etc.

8. "nos expectant legiones tres
   quae stant in litore primo,
   Pompeius adest et Caesar adest
   Ciceroque et Horatius ipse."
       Dossennus, etc.

9. ita Dossennum mala crux mansit,
   mala crux etiam Bucconem:
   mora nulla, senex Pappus factust
   consul princepsque senatus.
       Dossennus, etc.

CHANTIES

THE DUMB WIFE.

Italian air.

1. Uxor quae mihi nupsit quondam,
   pulchra venusta decens formosa,
   quandocunque coquebat cenam
   a cena satur abscedebam.
   sed nos miseros, heu nos miseros,
   unus enim cruciabat morbus:
   heu nos miseros, heu nos miseros,
   muta fuit, neque linguae compos.

2. implorare deos iam pergo,
   ut medicare velint hunc morbum.
   tandem di dederunt responsum
   supplicibus superati votis.
   grates agimus, grates agimus,
   aure bibi titubantem vocem:
   grates agimus, grates agimus,
   reddita lingua loquelae compos.

CHANTIES

3. nimirum modus est in rebus,
   femina sed tamen haud servabit·
   nam totam regionem pernix
   garrulitate replebat coniunx.
   o nos miseros, o nos miseros
   tota domus resonabat semper
   (o nos miseros, o nos miseros)
   opprobriis maledictis rixis.

4. implorare deos iam pergo,
   ut medicare velint hunc morbum :
   sed di non dederunt responsum
   supplicibus precibus iam surdi.
   o nos miseros, o nos miseros,
   si mea tum bona cognovissem
   (o nos miseros, o nos miseros),
   non precibus petiissem quicquam.

JIGGETY JOG TO MARKET.

1. Nundinarum adest dies,
   mulus ille nos vehet,
   meque teque mi puer,
   revehet inde nos domum.
   eia curre mule, mule,
   i tolutili gradu.

2. si esse vis bonus puer,
   mulus ille te vehet,
   sin eris malus puer,
   pedibus ibis, aut mane. eia...

3. ibis ibis in forum,
   ubi taberna multa adest,
   multa mercimonia,
   civium frequentia. eia...

CHANTIES

4. in foro boario
    mox emes duos boves,
    in olitorio foro
    olera emes recentia. eia . . .

5. sunt parata iam tibi
    pompa ludus et chorus,
    opiparumque prandium,
    caseusque et lac novum. eia . . .

6. festa post tot et iocos,
    postque tanta gaudia,
    vesper ubi revenerit,
    nos redibimus domum. eia . . .

CHANTIES

THE SALE.

1. Licemini: puellulas
   puerulosque vendo,
   quibus paterque pauper est,
   viduaque ipsa mater.
   volunt carere taedio
   familiaque tota:
   licemini licemini
   pretia parva erunt.   Quanti? quanti?

2. chorum vides inutilem
   utique ad omne munus,
   quod hi videntur improbi,
   alia pars inepti:
   et omnis inde frangitur
   fragilis apparatus.
   licemini...

3. at in penu quod est cibi
   nihil erit relictum,
   caro suilla, bubula,
   tegora, perna, lardum,
   nec ulla crusta denique
   tibi cibi manebunt.
   licemini...

CHANTIES

THE SPARROW.

Italian air: La Svinatura.

1. Ecce sedet in arbore ille passer,
   teritque tempus omne pipilando:
   en puer sagittifer malusque
   venitque conspicitque pipilantem.
   avete pipilantes,
   avete pipilantes,
   avete avete aves.

2. deinde clamat ille voce magna,
   "sagitta nostra te statim necabit,
   coctus in mea madebis olla,
   erisque cena dives atque opima."
   avete ...

3. passer inde pipilans reclamat,
   "at haud dedere fata me tibi escam:
   ne labor tibi sit iste frustra
   polum petens valere te iubebo.
   vale labore casso
   vale labore casso
   vale vale puer."

CHANTIES

THE FROG.

Spanish air: Cucù, cantaba la rana.

1. quā quā canit ibi rana;
   quā quā sonat aqua-qua-qua-qua.

2. quid vis ubi canis illud,
   quare sonat aqua-qua-qua-qua?

3. quin das aliquid edendum:
   hac re sonat aqua-qua-qua-qua.

4. pergo dare tibi vermem;
   quid nunc sonat aqua-qua-qua-qua?

5. urget rabida sitis nos,
   hac re sonat aqua-qua-qua-qua.

6. circum bibe quod ubiquest,
   ne sic sonet aqua-qua-qua-qua.

www.ingramcontent.com/pod-product-compliance
Lightning Source LLC
Chambersburg PA
CBHW060407080526
44583CB00012B/500